Coverentwurf: Dietmar Niggeschulze
Foto: Lisa Franke

ISBN 978-3-938969-32-8

Gabriele Franke

BLAUES LACHEN BLEIBT

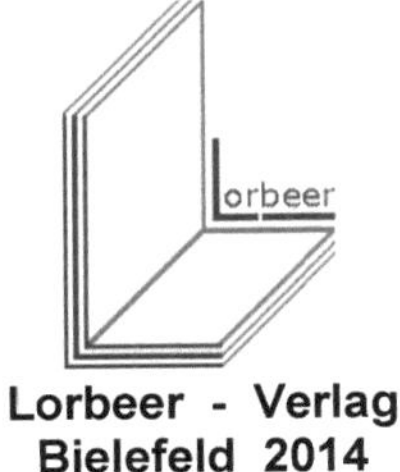

Lorbeer - Verlag
Bielefeld 2014

Reiselust

Meine Insel

Keine guten Jahre,
fühlte mich unendlich krank.
Es war kein Schnupfen,
keine Magenverstimmung,
es steckte tiefer in mir.
Oktobersonne,
ich konnte die Wärme
auf meiner Haut spüren.
Ihr Licht blendete,
eine leichte Brise ließ mein Haar tanzen.
„Goldener Herbst“
hattest du gesagt,
Worte so dahingeplappert.
Welchen Baum sollte ich wählen?
Welche Mauer? Welchen Graben?
Es gab Menschen, die mich brauchten.
Heute weiß ich,
ich brauchte sie mehr als sie mich.
Sie waren der Fels in mir,
mein Rettungsring,
meine Schutzhütte,
in die ich kriechen konnte
bei Gedankenstürmen
und im Regen der Gefühle.
Meine Verse sind die Insel,
auf die ich flüchte,
sonst wäre ich ertrunken,
und du selbst hast mir die Brücke gebaut.

Poesie

Bunte Buchstaben
im Netz noch zarter Gefühle
reichen sich die Hand.

Zu Silben vereint
durchbrechen sie die Dämmerung
behutsam, zögernd.

Es fließen Wörter
mit sinnlicher Langsamkeit
auf weißes Papier.

Sätze vertreiben
ohrenbetäubende Stille,
formen Gedanken.

Poesie erhellt
tintenschwarze Dunkelheit,
färbt den Regenbogen.

Filigrane Worte
auf der Bühne des Wohlklangs
voller Leidenschaft.

Mein Weg zum Meer

Ich folge deinem Fluss
voll mit Zärtlichkeit
stolper' durch feuchte Nebelwälder,
die nach mir greifen
in schwülwarmer Luft.
Höre dein Rauschen im Ohr,
wie Wasserfälle.
Es schürt meine Erwartung
auf meinem Weg zum Meer.
Ich kann dich riechen, schmecken,
immer sehnsuchtsvoll.
Verirre mich fast in den Armen deines Deltas,
das wie ein Netz enger Berührung
mir überraschend den Weg weist.
Keine Pore bleibt unberührt.
Triefend nass liege ich an deinem Ufer.
Die Welt meiner Gefühle hält mich gefangen,
raubt mir den sandigen Grund
unter meinem Leib – ganz langsam.
Lass mich treiben – rücklings
in den Wellen der Lust.
Mag dich berühren, deine Wogen ertasten,
möchte eintauchen.
Meine Liebe ist Wasser,
klar, unaufhaltsam, lebendig,
trägt die Farben des Himmels.
Sie wurde geboren
aus den Tränen des Glücks.

Traumreise

Träumst du, wenn du schläfst?
Erlebst du Vergangenes
oder entfliehst du in die Zukunft?
Sind deine Träume bunt?
Führt deine Phantasie Regie?
Tritt sie an die unglaubliche Reise durch die Nacht.
Breite deine Arme aus,
du kannst fliegen,
über die Dächer der Stadt bis zum Mond.
Vermagst im Wasser zu atmen,
kannst über Grashalme balancieren,
bist in den Kronen der Bäume zu Hause ohne zu fallen.
Der Winter ist gar nicht kalt,
wenn du dich in seine Schneedecke hüllst,
Zitronen wachsen an Erdbeerbüschen,
reitest auf dem Rücken der Schwalben in den Morgen.

Sonnenaufgang in den Tropen

Feuchtwarme Luft
ein Blinzeln am Horizont
grauer Wolkenbrei.

Palmwedel winken,
knistern kaum hörbar im Wind,
gold'nes Morgengrau.

Wellendes Wasser
webt auf dem Boden des Meeres
Netz aus purem Gold.

Silbrige Boote
gleiten auf dunklem Samt
stolz zum Horizont.

Weiße Schaumkronen
verwirbeln den pudrigen Strand
zum Meeresmilchkaffee.

Pelikane gleiten
am plötzlich blauen Himmel
Karibischer Morgen

Geliebtes Meer

Stehe ich vor ihm
kann ich es riechen, schmecken
immer sehnsuchtsvoll

Seine Wellen spielen
mit dem Sand, rühren ihn um
zum Meeresschaumkaffee

Mag es berühren
seine Wogen ertasten
möchte eintauchen

Voller Hingabe
seinem Wellentanz lauschen
klare Luft atmen

Zärtliche Klänge
verknüpfen den Horizont
im Sonnenaufgang

Es ist wie Musik
Notenblatt voller Leben
Paukenschlag der Liebe

Karibik

Auf Wolken reiten,
Seiltanz auf dem Sonnenstrahl,
im Monsun baden,
mit den Bananen schaukeln,
das Zuckerrohr erklimmen.

Die Sonne spüren,
nur Wellenrauschen im Ohr.
Sand am großen Zeh,
mit Kakaobohnen murmeln
auf Teppich aus feinem Sand.

Karibisches Meer

Um zu zerfließen
erheben sich blaue Berge
platschen geräuschvoll

Tragen Sahnehäubchen
ziehen weißen Flickenteppich
durch's silbrige Glitzern

Endlose Formen
samtig weich, 'mal spitz wie Nadeln
unermüdliches Wogen

Bis zum Horizont
der unbeweglich blendend
den Wellentanz betrachtet

Seeweg

Bahnt sich seinen Weg
durch endloses Dunkelblau
stolz und erhaben.

Formt eine Straße
türkisblau und strahlend weiß,
zeigt Vergänglichkeit.

Rauschende Musik,
Tropfen wie Regenbögen
funkeln wie Kristall.

Beschwingter Tanz
auf schwankendem Parkett
im Glanz der Sonne.

Key West

Bleierne Schwüle
Duft von Zitronenblüten
Zikadenkonzert

Musik in der Luft
schwarze Kindergesichter
lachen um die Wette

Rosa Fassaden
Lila Schaukelstuhl knarzt im Wind
Veranda rundum

Eidechsen huschen
Blüten umwickeln den Zaun
Farbe blättert ab

Strandtag

Das Blau über mir
schimmert auf der Wasseroberfläche
wie ein Aquamarin.

Meerschaumkrönchen
tänzeln auf kühler Oberfläche,
schlagen Purzelbäume im Sand.

Sonnenstrahlenglitzer
umringt mit Funkellichtern
das Boot vor der Küste.

Wo finde ich Adonis,
an diesem Traumstrand
unter blitzblankem Himmel?

Männer tragen Bauch.
Feuerwasserfriedhöfe
verhindern aufrechten Gang.

Sie tragen ihr Haar
nicht immer auf dem Kopf.
Rückengestrüpp zeigt in alle Richtungen.

Unter rotem Poloshirt
schaukelt ein winziges
Gemächt im Wind.

Wo bleibt Mona Lisa?
Höschen mit Punkten umschließt
stattliches Gesäß.

Schleifenbändchen
kriechen stämmige Schenkel hinab,
die grazil in der Aerosole watscheln.

Nicht der Busen zeigt Figur,
der flache Bauch umringt vom Speck;
unwiderstehliche Sünden vergangener Tage.

Bald küsst die Sonne
glutrot leuchtend das Meer.
Taucht ein – die Nacht umarmt den Tag.

Seetag

Es irren Menschen
verwirrt mit suchendem Blick
ausschauend links, rechts.
Erklimmen Stufen
knarzen unter dem Gewicht
ihrer Badeschuh'.
Drehen wiederholt
ihre Runden um Runden –
ziemlich aussichtslos.
Schon beim Morgengrau'n
Liegen belegt, Stühle besetzt –
ruhiger Seetag

Massentourismus

Eckige, leblose
Schuhkartonlöcheraugen
ohne Leuchten

Silbriger Nebel
spinnwebengleich umhüllt er
Piniennadeln,

hängt an Palmwedeln
ohne Rascheln, ohne Knistern
noch schläfrig der Morgen.

Breiiger Himmel
zähes Weiß bauscht sich, türmt sich
über platte Dächer.

Neonreklame
vor rostigen Stahlskeletten
erloschen, farblos.

Liegestuhlreihen
um türkisblaue Schwimmbecken,
weiße Einsamkeit.

Kühl der nasse Duft
verrührt mit dem Dunst von Speck
und schlechtem Kaffee.

Tango

Flutsaumkissen
gewebt aus Seegras und Tang
aufgetürmt am Strand

Ursprüngliches Grün
verschwunden im Silbergrau
getrunken vom Licht

Einzelne Halme
flattern unstet durch die Luft
fadenscheinig, leicht

Tanzen filigran
durch Muschelschalen und Stein
ihren Tango im Wind

La Grassioneta

Weiß bauscht sich im Wind
angenehm luftige Brise
koste den Moment

Funkelnd heller Strand
Pinien klammern am schroffen Fels
hängen über Blau

Kleinod der Natur
eingekerbt im Küstensaum
versteckter Juwel

Einen Augenblick lang
den Alltag ganz vergessen
die Füße im Sand

Rioja

Sein Bouquet würzig
duftende Macchia im Frühling
betörend, sinnlich

Seine Farbe rot
purpurrote Abendsonne
im Glas versunken

Schwenke den Kelch
kann die Hitze spüren
betrachte den Horizont

Sein herber Geschmack
wie schwere, dunkle Erde
feucht, erotisch, weich

Betört die Sinne
rinnt rot die Kehle hinab
öffnet dein Gefühl

Du schmeckst wie roter Wein

Sauge sein Bouquet,
Nasenflügel vibrieren,
er duftet fruchtig.
Probiere mit der Zungenspitze,
tauch' ein in trock'nes Nass.

Mein Mund öffnet sich,
meine Lippen umschließen
den Rand des Glases ganz sanft.
Glutrot, feurig gleitet er
tief in mein Inneres.

Guter alter Wein
meine Zunge kreist schwungvoll
durch sein purpurnes Rot,
taucht ein in seine Hitze.
Genieße jeden Schluck.

Menschen unterm Sternenhimmel

Seidig und samtig
wie eine Palastkuppel
Schimmern am Horizont

So tief dunkelblau
fast schwarz, daran aufgereiht
Kronleuchter des Himmels.

Funkelnde Kristalle
ihre Ruhe rührt in uns –
Stille zum Greifen nah

Schaun'n auf uns hinab,
sind unsere Begleiter
in der Einsamkeit.

Unsere Träume
reisen, schweben durch die Nacht
im Funkelsternenmeer.

Schenkt uns Hoffnung,
liebkost unsere Gedanken –
zärtliche Berührung.

Treibgut

Abgerissenes Tau
dümpelt in der Brandung
von Blau getragen

Poseidonknödel
rollen mit der Flut an Land
braunes Kugelrund

Ein alter Turnschuh
angeschwemmt voller Sand
Wo ist sein Pendant

In Brandungswellen
klirren Schalen bunter Muscheln
formenreich, farbenfroh

Seewind dirigiert
noch feuchtes Neptungrasballett
Drehung federleicht

Rauschendes Konzert
konserviert in den Häusern
der Meeresschnecken

Reichtum des Strandes
wellig aufgereiht am Saum -
Sammlerschätze

Zu meinen Füßen
habe ich dich gefunden
ein Herz aus Stein

Die Wüste ist männlich

So atemberaubend schön
die Wanderdünen,
wie warmer Vanillepudding.

Schauspiel in der Wüste
Fata Morgana
ohne Figuren und Skript

Unrasierte Sandhäufchen,
braune Schaumkronen,
unbewegtes Wüstenmeer.

Schattenspendende Tücher
zerrissen, zerfetzt
vom Wind, der nicht innehält.

Wie eine Palastkuppel
wölbt sich der Himmel
samtig glitzernd, kalt.

Regenfluten versinken
im Sand der Wüste –
vergeudet, verschenkt, verschluckt.

Jamaa El Fna

Euren Zuhörern
steh'n die Haare zu Berge.
Ihr habt tief berührt.

Mit klangvollen Worten
Bilder erzeugt – spiegeln sich
in feuchten Augen.

Münder lächeln leis,
zeigen Wiedererkennen
melodisch, kraftvoll.

Wahrheit schön verschnürt
in Silben, Texten, Tönen.
Gedichte packen aus.

Oh hätt' ich nur
wie arabische Dichter
soviel Nuancen.

Duftend wie Parfum,
unendlich wie Sandkörner
in euren Wüsten.

Mumbai

Braune Dunstglocke
reglos, stinkend, tonnenschwer
erstickt Sonnenlicht.

Eine dicke Schicht
Dreck lässt Farben verblassen,
kriecht bis in den Mund.

Weiße Schaumkronen
fordern auf zum Tanz im Müll
auf gelbbraunem Meer.

Höllenlärm im Ohr
unerträglich, laut, stechend
Worte ersticken.

Kuhfladen, Menschen
Füße stapfen und stolpern
hinein und hindurch.

Flirrende Hitze
betäubt Sinne, den Willen
alles ist Karma.

Moos
samtig weich
quillt aus Ritzen
zwischen Asphalt und Beton
grün

Haiku

Ich wünsche zu sein
wie grünes Moos in Ritzen
es gibt niemals auf

Gewitter

Donner rollt durch's Tal
Wolkenfetzen sammeln sich
sonnenumwoben

Im Rund der Felsen
spielt das Echo mit ihm Ball
ohrenbetäubend

Blitze zerreißen
das schwarzgraue Firmament
Regen rauscht nieder

stürzt rasend ins Tal
färbt das sonst klare Wasser
des Bachlaufes braun

Beklemmende Enge
verschlungene Berggipfel
Himmel trifft Erde

Zieht es vorüber
klares Blau, strahlendes Weiß
wie Seen aus Licht

Würzige Düfte
wohltuender Sonnenstrahl
ich atme Pilze

Wolken

Gelocktes Schaffell
fern, doch zum Greifen nah,
aufgehängt ins Blau.

Ganz ohne Leine
wohin sollen sie fliehen
im Heiß der Sonne.

Spielen mit Formen,
verzaubern ihr Aussehen
flockig, dünnwandig.

Schlank oder dickbäuchig
wirbeln, rennen mit dem Wind,
drehen sich im Kreis.

Wenn die Nacht Weiß schluckt
verstecken sie das Gesicht des Mondes
lautlos. Scheinen grau.

Sonnenaufgang Rügen

Wie ein gelocktes Schaffell
in allen Grautönen
so wölbt sich der Himmel
Die Sonne steigt empor
löst das Fell auf
taucht es in pastellfarbenes Blau
verbannt die Wolken an den Horizont
Taucht ihre Spitzen in rotes Gold
Die Möwen erwachen
aus ist es mit der Ruhe
und es ist noch bitterkalt

Ratlos

Bitterkalt der Wind
fingert an meiner Kleidung
saust einfach hindurch

Haushohe Wogen
krachen lautstark gegen Fels
greifen zum Ufer

Schwarzgrau der Himmel
Wellentürme zerfallen
fressen mein Floß

Berge von Treibgut
verunstalten hellen Sand
dreckige Haufen

Rostige Eisen
nackte frierende Hölzer
zerfetze Taue

Möwen kreischen laut
die Luft riecht feucht, schmeckt salzig
trägt Kälte an Land

Blicke starren
unbeweglich, tatenlos
können sich nicht ablösen

Sind erstaunt, ratlos
vor einem Wimpernschlag Zeit
ins Paradies geschaut

Jahreszeiten

Die Jahreszeiten

Erster Sonnenstrahl
Melodie vor dem Fenster
bei Sonnenaufgang
Zartes Grün im Rinnstein
knubbelige Äste
recken sich im Sonnenschein
es duftet blumig
Nach dem Regenguss
Funkelperlenspiel auf Glas
lässt FRÜHLING ahnen

Warmer Sonnenstrahl
leckt noch ganz blasse Haut
Blüten über Blüten
Torkelflug des Schmetterlings
Bienen tragen schwer
aus tausend Blumenmeeren
Blitz und Donnerschlag
Seerosen schaukeln im Nass
der Duft blühender Linden
lädt den SOMMER ein

Der Hauch des Windes
fordert Blätter auf zum Tanz
auf Wiesen kullern
gelackte Kastanien
erste kalte Nacht
malt Wälder von gelb bis rot
Sträucher und Büsche vernetzt
neugieriger Pilz
Warm und kalt kochen Nebel
geheimnisvoll der HERBST

Wenn weiße Flocken
den tiefgrauen Hausdächern
Mützen überzieh'n,
nackte Äste der Bäume
in Watte kleiden,
über Gräser und Felder
Laken ausbreiten,
Zäunen den Schal umlegen,
Spuren verwischen,
dann ist es wirklich WINTER

Ostern naht

Es ist Winter
Sturm fegt durch das kalte Land
Schnee, Regen aus Eis.

Tannenbaum entsorgt,
ein zarter Duft hängt noch im Raum,
Sternsinger klingeln.

Die letzten Plätzchen
zieren noch die bunten Teller,
schon leicht angestaubt.

Und was grinst mich an
aus dem Regal im Supermarkt
mit großen Ohren?

Ganz freundlich lächelnd –
die Osterhasenarmee
hat Nikolaus vertrieben.

Mit bunten Eiern –
prall gefüllte Leckerei –
Ostern rückt näher.

Januar

Tage trist und grau
dürre Zweige ohne Laub
kein Vogelgesang

Silbriger Stern
kraftlos hinter Wolkenbrei
schenkt keine Wärme

Frühe Dunkelheit
kahler Stamm vom Wind beleckt
eisige Nächte

Plötzlich alles weiß
Meisen am Futterhäuschen
Schneeflocken tanzen

Eiszapfen am Dach
genieße die weiße Pracht
trotz Zähneklappern

Februar

Sonnenstrahl kitzelt,
Schnee und Eis auf den Dächern
schon bald abgeschleckt.

Mal ist er kürzer,
seine Tage leben länger-
Schneeglöckchen läuten.

Vergiss die Kälte
küsse mich zum Valentin
zum Dahinschmelzen

Aschermittwoch

Süßes Karamell
vom Regen durchweicht
liegt es im Rinnstein,
von Füßen zertreten.

Auf dem Stromkasten
Reste von Rotwein und Sekt
in grünen Flaschen,
daneben Pappbecher.

Bunte Papierfetzen
zusammengeknubbelt
zwischen lila Krokussen
auf der Wiese am Bahnhof.

Zerknüllte Dosen
blinken im Sonnenlicht,
eine pinkfarbene Feder
tanzt im Wind auf und ab.

März

Streicheln der Sonne
lässt den Frühling erahnen
Knospen springen auf

Du gewinnst den Kampf
siege, nur nicht aufgeben
würge den Winter

Vertreibe Kälte,
rette die Mimosenblüten
hauch ganz lau, fast warm

Wir alle warten
dass du Farben versprühst
hellgrün für den Baum

Frühlingserwachen

Knorrige Bäume
die Äste voller Knospen
lassen Grün erahnen.

Frühlingswind flüstert,
Gräser verneigen sich tief
schon frisch, nicht mehr braun.

Unaufhaltsam zieht
durch graue kahle Straßen
wohlvertrauter Duft.

Plötzlich lachen mich
lila Augen leuchtend an
Wiesenkrokusse

Nackter Zeh baumelt
das erste Mal ganz strumpflos
noch recht kühl und blass

Bunter Sonnenschirm
vor der Eisdiele am Platz
endlich geöffnet

Nebel im Frühling

Frühjahrsnebel schwebt,
bauschige Zuckerwatte
küsst Schneeglöckchen.

Beträufelt Krokus,
beleckt die Weidenkätzchen,
verhüllt den Apfelbaum.

Streift durch frisches Grün
viel leichter als behäbiger
Novembernebel.

Macht der Sonne Platz.
Wenn sein Vorhang sich öffnet
fühlt man warmes Blau.

Junisturm

verheddert im Astwerk der Bäume
krümmt sie, biegt sie,
bricht sie einfach ab,
lässt ihre Früchte niemals reifen.
Versperrt Straßen und Wege,
deckt Dächer ab,
deren Ziegel beim Aufprall zerbersten.
Hinterlässt schwarze Löcher,
die stumm in den Nachthimmel starren.
Hält Züge an, wo kein Bahnsteig ist.
Erschafft mit seinen Regenfluten
Seen, wo keine hingehören.
Zerbeult Wagendächer,
lässt Glas splittern,
Mülltonnen rollen,
die ihren Unrat im Fall erbrechen,
senst Laternen um,
deren samtiger Rost
im Morgenlicht schimmert.
Nur der zarte Mohn am Feldrand
blieb ganz unversehrt.
Leuchtet fröhlich rot im Dunst.

Wiesenstrauß

Vom Sommerregen
verwaschene Kornblumen
strahlen im Sonnenschein
so blau schimmern Augen

Glattes, langes Haar,
gleich wogenden Ähren im August
verschmilzt in ihrer Farbe.
Mund wie roter Mohn,
wohlgeformte Lippen lenken Blicke.

Leicht gebräunte Haut
weich wie warmer Sand
bemalte Nägel ihrer Füße
tauchen grün in Grün.

Ein Farbklecks voll mit Liebe,
Leidenschaft und Poesie,
wie tausend Margeritenblüten
über die der Wind streicht.

Du wolltest keinen Wiesenstrauß –
binden

Grün verfliegt

Es tut nicht mehr weh
deinen Atem zu spüren –
bloße Phantasie.

Es tut nicht mehr weh,
weil Berührungen fehlen –
dein Gesicht verschwimmt.

Es tut nicht mehr weh,
deine Antwort bleibt aus –
ich frage nicht mehr.

Es tut nicht mehr weh,
vor Sehnsucht zu weinen –
nur salziges Wasser.

Es tut nicht mehr weh,
heiße den Schlaf willkommen,
schicke den Schmerz fort.

Es tut nicht mehr weh
dich des Nachts zu liebkosen.
Es ist nur ein Traum.

Es tut nicht mehr weh
ungesagte Worte zu schlucken –
ich schreibe sie auf.

Es tut nicht mehr weh,
wenn das Rosarot verwelkt
und das Grün verfliegt.

Sommertraum

Auf bloßen Kacheln
gewärmt vom Sonnenlicht
träumt sie in den Tag.

Sonnenstrahlenspiel
zeichnet mit Balkongittern
schmale Konturen.

Über ihren Fuß,
ihre Beine, ihre Scham
Schweißperlen glitzern,

verbinden sich
mit ihrer Feuchtigkeit
wohlig, behaglich.

Windhauch entfaltet
ihre Knospen wie Blütenblätter
ganz sanft, behutsam

Zunge kostet
den Saum roter Lippen,
salzig der Geschmack.

Erwacht im Mondlicht
verflogen die zarte Hitze,
ganz kalt ohne ihn.

Heiß
Asphalt flimmert
das Wasser lauwarm
Schweiß aus allen Poren
Hochsommer

Duft
Knospen bersten
Obstbäume plötzlich weißrosa
es riecht nach Frühling
wunderbar

„Herrenacker“ im Spätsommer

Kein Blau zu sehen
der Himmel hängt schwerelos –
helles Wattegrau

verhüllt Baumwipfel
packt die Spitze des Kirchturms ein
schwebt über Feldern

Verheddert sich
in den Fäden der Kreuzspinnen
Tautropfen kleben

Farbenspiel im Licht
schöner als jedes Perlenband
zittern morgenkühl

Auf feuchten Wegen
Silberstreifenmosaik
von Schnecken kreiert

Holunderbeeren –
schwarzviolette Dolden
frisch geduscht am Busch

Erste Kastanien
werfen ihre Hüllen ab
liegen nackt im Gras

Die Sonne blättert
den Himmel auf
makelloses Blau

Schattengarten

Die alte Lampe
hängt schief und ganz krumm
an eiskalter Wand

Aus Nachbars Garten
kriechen knabbernde Schnecken
rot, glitschig, leise

Lebensbaumhecke
gerade, akkurat, grün
stiehlt Sonnenstrahlen

Pilze und Moose
anzutreffen überall
gedeihen prächtig

Auf dünnen Stielchen
recken sich Rosensträucher
dem Licht entgegen

Herbstblumen weinen
Mülltonnen starren dich an
Spinnen weben still

An der weißen Wand
räkelt sich eine alte
Telefonbuchse

September

Septembernebel
verhüllen den Sommertag.
Vermischen Himmelblau
mit ihrem Weiß zu Pastell,
weben silberne Schleier
in den Sonnenschein.
Ihr Atem scheint kühl,
haucht im nächsten
Moment angenehm warm.
Es duftet nach frischer Feuchtigkeit,
es riecht nach Vergänglichkeit
und Neubeginn zugleich.
Verlorener Sommer –
trotzdem wunderbar.

Septemberkinder

An den Tagen geboren
wenn die Kastanien
reif von den Bäumen purzeln

Zwischen den Sträuchern
Spinnen ihre Netze weben,
die im Wind schaukeln.

Die Tage kürzer,
die Nächte kälter werden,
der Himmel ganz klar.

Feuchte Erde dampft,
Morgen im Nebel verhüllt
bei Sonnenaufgang.

Aus den Baumkronen
Rotgold'ne Äpfel lachen,
saftig, knackig, süß.

Letzte Wildblumen
den Geburtstagsstrauß binden
Sommeruntergang

Oktober

Oktobertage,
die noch laue Winde atmen,
letzte Wärme im Jahr.

Üppige Früchte
purzeln in Scharen vom Baum,
Herbstblumen lächeln.

Strahlend weiße Wolken,
die wie Seen von Licht
auf Blau dahinziehen.

Rotgoldgelb die Welt,
gerade erst am Erblühen
dem Verfall geweiht.

Gebäck

Sticht dir ins Auge,
lila Schokokügelchen
rollen durch's Regal.

Lebkuchenherzen
gefüllt mit Marmelade
schlagen laut im Takt.

Darüber grinsen
Nikoläuse im Kostüm,
alle tragen Bart.

Nuss und Mandelkern
drehen und wälzen sich
im Puderzucker.

Aus den Baumkronen
rotgold'ne Äpfel lachen,
saftig, knackig, süß.

Soll ich mit Blumen
einen Adventskranz binden
auf saftigen Wies'n?

Ich warte lieber
ohne Spekulatius
auf die Adventszeit.

Trotzen

Hunderte Bäume
ich blicke aus dem Fenster
alle kahl, unbelaubt

Die dürren Äste
strecken sich ins Wintergrau
blank gefegt vom Herbst

In zweiter Reihe
leuchtend gelbe Äpfel
kleinen Sonnen gleich

Daneben raschelt
Blattwerk, wenn auch kupferbraun
der Kälte grollend

Niemals angepasst
immer die Sonne im Blick
den Stürmen trotzen

Novemberkind

Rüde Herbststürme
rappeln an Tür und Fenster
in kahlen Straßen.

Nackte Baumkronen
in kalte Nebel gehüllt
verneigen sich.

Regen peitscht eiskalt
in mürrische Gesichter,
Schirm knickt einfach um.

Kraftlose Sonne,
die letzten Blüten liegen
erschöpft am Boden.

Zünde Kerzen an,
Heiz' dem Kamin kräftig ein,
liebe mich zartwarm.

Herbst
bunte Blätter
hängen an Bäumen
Wind bläst sie fort
nackt

Kalt
Schneeflocken fallen
eingefroren der See
klamme Hände, gerötete Nasen
Winter

Advent

In Kinderaugen
spiegelt sich der warme Glanz
der Lichterketten.

Töne tragen uns
durch die Stadt von Stand zu Stand
fröhlich und beschwingt.

Vom Glühwein kosten
vertreibt die Kälte, zaubert
Rot auf die Wangen.

Lass dich anstecken
vom Lachen der anderen,
genieß' Vorfreude.

Duftende Kekse
mit Fingerspitzen kosten,
herrlicher Genuss.

Lasst uns zusammen
mit den Schneeflocken tanzen
über den Weihnachtsmarkt.

Silvesterspaziergang

Der Tag verschmilzt
lautlos mit der Dämmerung
hinter winterkahlen Bäumen.

Mir scheint als begleiten
ihre leeren Astlöcheraugen
mich auf meinem Weg.

Ihre nackten Arme
nicken mir zu, beugen sich
vor dem bunten alten Jahr.

Vor seinen schwarzen Tagen,
ohne die aber unser Blick
auf unfassbar Schönes

vielleicht einfach
hinweggeglitten wäre.
Gut, dass es dich gegeben hat.

Silvesterfeuerwerk

Gewisper von Gefühlen
das Neue Jahr glanzumweht
betrachte es staunend.

Gedankenflüge
noch flatterhaft wie Seide,
die sich im Wind bauscht.

Leuchtende Augen
Lächeln schleicht auf Lippen
plötzliche Klarheit

Wünsche, Vergessen
gewebt aus dem Stoff der Zeit
zerronnen im Schwefeldampf

Trotzdem liebe ich
seinen beißenden Geruch
in klirrend kalter Silvesternacht

Herzflimmern

Liebes Lektorat

Wie darf ich dich ansprechen?
Bist du einer oder bist du viele?
Männchen oder Weibchen?
Schon reif an Jahren
mit grauem Haar
oder ganz ohne?
Magst du den Winter lieber als den Sommer?
Träumst du bei Tag
oder oft in der Nacht?
Spürst du den Regen im Gesicht
oder spazierst du unter Schirmen?
Liebst du auch Kuchen über alles?
Isst du Äpfel mit Schale?
Denkst du bei einer heißen Tasse Kaffee
über meine Texte nach, erzeugen sie Gefühle?
Hast du geweint, wie manche meiner Hörer?
Möchtest du mehr lesen, wie auch sie?
Wo sitzen deine Ohren?
Schauen deine Augen genau hin?
Gerne würde ich das Rätsel lösen,
denn meine Texte sind persönlich
und deine Persönlichkeit fehlt mir.

Mein Buch

Der heutige Tag
lange mit Spannung erwartet –
säte Gedanken

Gefühle wuchsen
schwarz auf weiß, erst krakelig
Silben auf Papier

Niedergeschriebener
Blätterwald meines Lebens
Seite um Seite

Zerquetschte Liebe
verpackt in bunter Hülle
schmeckt nicht wie Freude

Trinke Erschöpfung
aus gläserner Erinnerung
atme keinen Stolz

Wörter
ohne Sinn
auf Papier geschrieben
inhaltslos und ohne Verstand
Papiervergeudung

Gefühle
niedergeschriebene Gedanken
Herzblut auf Papier
abgefüllt in unzureichende Worte
Buch

Mosaik

Jeder Buchstabe
tiefschwarz auf weißem Blatt
Kieselmosaik

Schwarze Muster mit
grauen Fugenlinien
weisen mir den Weg

Weißer kleiner Stein
wie ein i-Punkt so winzig
Lichtblick im Dunkel

Reihe Wort an Wort
Verse entstehen blutrot
lassen Pein fließen

Erzeugen Bilder,
die mein Inneres zeichnen
berühren unsanft

Speien Farben aus
berauschen, grell, verzaubern
gelebte Momente

Die Poesie in mir
ist Abbild meines Lebens.
Wünsche mir Pastell!

Was zusammengehört

Bilder erzählen gemalte Worte,
bereits gelebte Momente,
sind Gefühlsspeicher der Vergangenheit,
ihre Farben plaudern aus.

Sagen die Wahrheit,
verschweigen viel, können lügen,
verändern sich nicht.

Besitzen dennoch Kraft,
können sprechen – ohne Worte –
mit unbeweglichen Konturen.

Wollen herausfordern,
erzeugen unmerkliche Blicke,
kaum wahrnehmbare Gesten.

Erzwingen Töne,
malen bunte Worte,
die kein Pinsel verstrich.

Rost

Kein Schlaf, keine Ruh'
In meinen Gedanken
sehe ich dein Lächeln

Es zieht wie Karamellfäden
durch die dunklen Gassen
täglicher Träume

Gemessen in Zeit
sind unsere Berührungen
kaum ein Wimpernschlag

Kann den Durst nicht stillen
mit den Tropfen deiner Zuneigung
ertrinke darin

Schabe nun Rost ab
schärfe die Messer meines Verstandes
bis es Funken regnet

Gefühle
werde sie durchdringen, schneiden
abtragen, beherrschen

Makellos weiß,
unbefleckt
die blutige Klinge im Schaft.

Erwachen

Ich verliere mich
im weichen Licht des Morgens
beim Lider öffnen.

Meine Handvoll Traum
halte ich fest umschlossen
im weißen Kissen.

Qualvolle Schönheit,
der Klang deines Namens gleitet
durch mich hindurch,

kratzt am Gaumen,
ich heiße den Schmerz willkommen
in gleißender Helle.

Halte mich ganz fest
an den Fäden des Wassers,
das vom Duschkopf rinnt.

Wasserdampfgefühle,
Spuren gestrandeter Worte
schweben in Schaumblasen.

Echte Worte

Verschenk keine Worte,
die du sofort vermisst.

Mach nicht trunken
mit berauschenden Worten.

Sei sorgfältiger
bei deiner Wortwahl.

Nur echte und wahre Worte
verhindern Enttäuschungen.

Steh' ein für die Worte,
die du freizügig überlässt.

Sprich sie nicht aus,
wenn sie nicht der Wahrheit entsprechen.

Sie könnten Herzen zerbrechen,
wie herabfallendes Glas.

Habe verstanden

Er spricht mit dir
als seiest du die einzige Frau
im Raum, weltweit.

Macht Komplimente
zum Verlieben schön seine Worte
dein Verstand schaltet ab.

„Leere Worte, heiße Luft“
sagt sie mir immer wieder.
„Bunt verpackt mit Schleife.

Er will sich sonnen
in deinem glücklichen Blick,
genießt Bewunderung.

Braucht dieses Gefühl
wie der Verdurstende das Wasser,
wie Luft zum Atmen.

Sein Innenleben
hohl, leer, ohne Gefühl
wie trockenes Stroh.

Unfähig zu lieben."
Sie hat ihn mir serviert,
nackt auf dem Tablett.

Beleuchtet, durchschaut
in Einzelteile zerlegt,
auseinandergepflückt.

Sie dachte an ihn,
dachte an ihn wie an nichts.
Habe verstanden.

Alles heiße Luft

Duftende Worte
wenn keine Taten folgen
riechen penetrant

Hinterlassen Gestank
legen Qual, Pein und Zweifel
in deine Wunden

Baden im Unglück
treiben durch Gedankenbrei
hinterlassen Spuren

Kannst den Schmerz trinken
aus den Gedankenscherben
ungesüßt, bitter

Giftig
schmerzhaft, lähmend
Stachel des Skorpions
steckt in meinem Herzen
Du

Kuss
feucht warm
entfacht meine Leidenschaft
liege in deinen Armen
Traum

Zirkus

Die Balance halten
Drahtseilakt
hoch

Den Kopf nach oben
trotz brennender Seelenlöcher
setze Fuß vor Fuß.

In der Kuppel
wird die Luft zum Atmen knapp
beinahe erstickt.

Einfach loslassen.
Kann den Tag kaum erwarten,
wenn der Schmerz nachlässt.

Rock and Roll

Meine Gefühle
schalteten meinen Verstand aus,
war machtlos zu denken.

Bunte Schmetterlinge
tanzten Rock and Roll im Bauch,
ausgelassen und wild.

Berührten mich tief,
stellten meine Welt auf den Kopf –
kompromisslos.

Für die Zukunft
eine Dose Insektenspray
immer griffbereit.

Wer scheitert leidet

Liebte, fühlte, litt
du machtest das Schwere leicht,
der Alltag tanzte
dem Mehr entgegen.

Atem hauchte Lust
bei nächtlichem Lichterglanz
Hitze sammelt sich
auf Haut – unsichtbar.

Willenlos taumelnd
durch unstillbares Gefühl,
das Leidenschaft spinnt
und Liebeslust webt.

Weinte mich fast blind,
wer scheitert leidet.
Zeitlose Atemzüge
schwimmen im Dunkel.

Für Lisa

Findest keinen Rhythmus
uferlos treibst du
durch die Dunkelheit,
mit einer roten
und einer blauen Socke
an den Füßen.
Immer Hunger im Bauch
und Kaffee in der Hand,
wirre Gedanken im Hirn,
noch farblose Ideen,
die man bei Nacht
kaum sortieren kann.
Schläfst auch nicht besonders gut
im klaren Licht der Morgensonne,
wenn die Musik des Lebens pulsiert,
sie mit ihren Strahlen
dein Chaos beleckt,
auf dem Boden,
in den Laken,
in deinem Kopf.
Schalte den Verstand ein,
nutze die Kraft des Tages,
schaffe Ordnung.
Sonne verleiht Stärke.
Lerne und merke dir:
„Sie ist viel heller als die Nacht.“

Nichts

Anfangs ertrank sie
in den Pfützen gefüllt mit Glück
Lauschte dem Knistern
im Schaumbad seiner Worte
Sog seinen Duft ein
im Rausch seiner Berührungen
Er ließ sie strahlen
vertrieb die Schattenseiten
Später verdurstete sie
in den Tropfen seiner Zuneigung
Gedanken an ihn
klebten wie Karamellfäden
Fast zerbrach sie
wie herabfallendes Glas
Kurz vor dem Aufprall
Sprung vom Gedankenkarussell
Betrachtete die Seifenblasen
und innen war nichts.

Seifenblase

Schillernd und rund,
schwerelos steigt sie hinauf,
mühelos schwebend.

Schaut hinab zu dir,
flirtet mit dem Sonnenstrahl,
hüpft schaukelnd im Wind.

Zufallsberührung
mit dem Blatt am Fliederbusch.
Und innen ist nichts.

Süße Leidenschaft

Duft liegt in der Luft
goldbraune bizarre Wüsten
auf zartem Boden

Versteckte Schätze
Vanillegelb zerfließt sacht
bis zum Tälerrand

Steile weiße Berge
türmen sich auf buntem Grund
mandelumwoben

Es faszinieren mich
gelbliche Puddingaugen
mit Zuckerkajal

Rundgeformter Ball
verbirgt seine Seele
puderzuckersüß

Besuch im Cafe
wie soll ich mich entscheiden
hab' nur eine Wahl

Stutenkerl

Groß soll er werden,
nicht zu dünn und trocken wie Mürbeteig.
Lieber ein wenig widerspenstig
wie glatter, samtweicher Hefeteig,
der sich oft nur schwer
in die gewünschte Form biegen lässt,
damit er nicht davonläuft.
Fruchtig im Geschmack,
nicht zu süß mit knackigem Streusel obenauf.
Eine Prise Humor füge ich hinzu,
zum Lachen können.
Einen Teelöffel Abenteuerlust rühre ich unter,
um auf Reisen zu gehen.
100 ml Wissen gut verteilt,
um lange anregende Gespräche zu führen,
dazu ein Schuss Phantasie zum Träumen.
Die Form pinsel ich aus mit Zuneigung.
Frisch vom Blech, decke ich mich mit ihm zu,
verschwinde völlig.
Er ist noch heiß, aber so bleiben wir warm.

Leidenschaft nach Qi Gong

Ich hatte vergessen
die Zeit anzuhalten
folgte der Leidenschaft

Konnte einarmig
den Horizont umschließen
den Himmel stützen

Mit dem anderen
Wolken auseinanderschieben
die Sonne heben

In seiner Nähe
Regenbögen verbiegen
mein Herz schlug wild

Begann zu fliegen
durch ihren süßen Duft
verlor den Boden

Die Landung war hart
Kann mein Herz wieder schlagen
mit so tiefen Narben?

Mein zerbrochenes Herz

Der eine hat es umworben
wie Tautropfen Himbeeren liebkosen.
Es glühend erobert,
wie der Tag die Nacht verschreckt.
Es umkämpft –
mit jedem Schritt dem Gipfel näher,
bis es zu ihm flog
und verschmolz mit dem seinen
wie Vanilleeis in der Sonne.
So leidvoll der Moment als es zerbrach.
Es hielt dem Kummer kaum stand,
es riss mittendurch.
Ein halbes Herz
mit Spalten und Brüchen.
Würde es jemals wieder fühlen können?
Ein Herz kann,
glaubt den Worten,
lauscht dem Lachen,
badet in Berührungen,
die es umwerben,
wie beim ersten Mal.
Doch meines fühlte falsch.
Verirrte sich,
folgte den Glühwürmchen,
spielte mit Lava,
redete, schaute, schenkte sich ganz hin.
Vergebens.
Nun hängt es in meiner Brust
verbeult, schief,
nur noch ein Haufen Stein
in Herzform.

Kochrezept

Ich schneide meine Liebe in Stücke.
Harte Rüben, gelb und herb im Geschmack.
Sie schwimmt aus mir heraus
beim Zwiebelschneiden.
Zerreibe sie wie bunte Pfefferkörner
in der Mühle.
Streue sie wie Salzkristalle
in die Suppe,
verteile sie gleichmäßig,
rühre sie um,
brate sie scharf an,
damit sich eine Kruste bildet.
Führe sie dann zum Mund.
Sie brennt so heiß auf der Zunge.
Dann zerkaue ich alles genüsslich,
schmecke sie ab,
schlucke sie,
würge sie hinunter,
damit ich sie bald ausscheiden kann.
Meine Liebe war für ’n Arsch

Liebeslyrik

Will nicht mehr sprechen
über die Liebe in mir
alles geschrieben

Nach Worten gefischt
abgetaucht in Poesie
Kummer getrunken

Mag nicht mehr leiden
auftauchen, im Netz verheddert
nach Atem ringen

Ich liebe Leben
treu, ehrlich, aufrichtig, stark
das bin einfach ich

Schwelbrand

Du brauchst kein Streichholz.
Die Worte aus deinem Mund
entzünden Feuer.

Ohne Flamme

Bauen Mauern auf
Worte ohne Sand und Kies
tropfen von oben hinab.

Gefühllos

Gefährliches Gift
eisig, kalt, falsch, berechnend
tötet Gemeinschaft.

Farblos

Lass’ ich es gescheh’n?
Wortlos, taub und tatenlos
mit verklebtem Gaumen?

Gedankenvoll

Wähl' warme Worte,
Wörter ohne Beigeschmack,
die den Brand löschen.

Rückstandslos

Sprachlos

Die Bissigkeit deiner Worte
hinterlässt Brandwunden,
nicht nur in meinen Ohren.

Du meinst, ich bemerke sie nicht,
sie kraxelt den Hügel hinauf
bis in meine Seele.

Brennt sich für immer ein.
Warum verpackst du deine Worte
in so hässliche Kleider?

Ich schweige still, bin erstaunt
bewaffnet nur mit meinem Lächeln.
Wie kann ich mich unempfindlich machen
gegen soviel Hochmut?

Verpackung

Flüssiges Gefühl
zerbrechliche Gedanken
Sprache packt sie ein

Kann ich nicht reden
würde ich denken können
ohne Ton und Wort

Manchmal verlassen
nur Wortfetzen meinen Mund
ganz leis, kaum hörbar

Mag nicht ausspucken
Reste kleben am Gaumen
liegen auf Lippen

Silben ersticken
im Hals, nur ein Räuspern bleibt
sie wiegen zu schwer

Buchstaben, Worte
Sprache entsteht nicht im Mund
ihm entspringt der Ton

Manche Gefühle
erzeugen Sprachlosigkeit
finde keine Sprache

Narben

Kummer wächst im Kopf,
überschüttet den Körper,
hüllt ihn in Nebel.

Bei Sonnenaufgang,
wenn der Nebel sich lichtet,
stehst du in Pfützen.

Siehst den trockenen Rand.
Es bedarf nur eines Schrittes,
du bist wie gelähmt.

Unfähig zu geh'n.
Bis zum Sonnenuntergang
war es ganz kurz hell.

Verpasste Möglichkeit,
wieder kocht der Nebel Leid.
Verbrenne dich nicht.

Es bleiben Narben.
Die quälen, lass sie heilen,
stolper ins Licht.

Schlamm

Wenn ich zurückblicke
ohne den Kopf zu wenden
was sehe ich dann

Kurvige Pfade
zerbrochenes, buntes Glas
verbogene Stufen

Schlammige Pfützen
rieche Hitze und Kälte
wirbel durch Wind

Nasse Gräser
Flechten auf feuchtem Holz
rutsche und stolper

Falle durch's Leben
Halme halten mich nicht auf
Wurzeln reißen aus

Unendlich oft
prallt mein Leib auf harte Erde
beschädigt im Dunkel

Irgendwo muss es sein
das Licht, das mir sehen hilft
wühle im schwarzen Torf

Dein Garten – Deine Zukunft

Verbrannte Erde
liegt hinter deinem Leben
überaus fruchtbar.
Greif' zum Spaten, grabe sie um,
harke sie ganz behutsam.

Verbrannte Erde
birgt noch schlafende Saatkrümel,
schenke ihr Wasser.
Ihr Duft zieht durch die Nase
direkt in deine Seele.

Verbrannte Erde
mittendrin die Bank, gebaut
aus Vergangenheit.
Nimm Platz, lehn' dich an, schau zu.
Liebe wächst unaufhaltsam.

Du bist

Du bist mein Feuer,
das eisige Kälte verbrennt,
die mich frösteln lässt.
Du bist die Flamme,
die hell glühend den Weg weist
aus dunklen Zeiten.

Du bist das Wasser,
das meine Wunden verschlingt,
mein Denken umspült.
Ich erfrische mich
in den Wogen deiner Zuneigung,
tauche in deinen Wellen.

Genieße frische Luft,
die mich vor Freude hüpfen lässt,
wie das Blatt im Wind.
Hauche gemeinsam
mit ihr Nebelschwaden fort,
blitzblau mein Himmel.

Wunschblumen keimen
in deiner Erde für mich,
überranken Zweifel.
In deinem Garten
getränkt in Blütenduft,
tanz' ich meinen Traum.

Du

Purzelbäume schlagen in hell funkelnden Tautropfen,
einrollen in einen Teppich gewebt aus Schneekristall,
erklimmen zinnoberroter Weinranken,
schweben im schweren Duft der Lindenblüten.
Leuchtend gelber Raps unter Regengrau,
Spaziergang über den Regenbogen,
knallrote Mohnfelder im Wind,
Tanz auf dem Ton des Saxophons.
Durch die Milchstraße radeln,
deine Stimme einatmen.
Eiskristalle im Schilf,
auf Halbmonden schaukeln,
Sternschnuppen sammeln,
Rauschen des Meeres.
Windhauch
Sommer
warm
Glück

Geräuschkulissen

Siegesschrei

Keuchender Atem
Herzschlag hämmert laut im Ohr
Schweiß rinnt von der Stirn

Die Sicht versalzen
schluckst keinen Tropfen Speichel
alles ausgedorrt

Bewegst zwei Beine
zentnerschwere Bleikübel
rhythmisch auf und ab

Unendliche Hitze
verlässt dich mitten durch's Hemd
trotzdem Gänsehaut

Das Rennen gewonnen
das rotweiße Band zerreißt
Siegesschrei ertönt

Manchmal

Es gibt winzige
kleine Schreie, die ich liebe
Sie machen Augenfunkeln

Manchmal ganz unvermutet
berührt uns das Lebensglück
Überraschungsschrei

Manchmal staune ich
bei soviel Kraft und Schönheit der Natur
Schrei vor Überwältigung

Manchmal weine ich
bei ehrlich gemeintem Wort
verschlucke den Freudenschrei

Manchmal schreie ich aus Lust
ineinander verschlungen
in dein Ohr vor Glück

Typisch Mann

Fuß auf dem Pedal
durchtreten bis zum Anschlag
Ampel fast schon grün

Motorengeheul
Sonne spiegelt sich im Lack
quietschende Reifen

Von null auf hundert
Schrei aus dem 8-Zylinder
ist ein Bußgeld wert

Stille

Ich höre Musik
bei geschlossenem Fenster,
damit sie klingt.

Sonst würde der Lärm
sie rücksichtslos zerschneiden,
nur Klangfetzen blieben.

Von Autoreifen
überrollt von Motorengeheul
durchbohrt, übertönt.

Selbst in der Nacht
kriechen Töne durch Ritzen,
stören meinen Traum.

Vor Sonnenaufgang
gibt es stille Momente,
nur der Vogel singt.

Stille
entsetzte Augen
der Atem stockt
erstickter Schrei nicht hörbar
Angst

Dunkelheit
zerknittertes Laken
feuchtes, schweißgetränktes Kissen
gellender Schrei zerreißt Stille
Albtraum

Ein Fliegenschiss

Sei doch vernünftig!
Wie funktioniert denn das?
Ein Wasserball voller Gefühl
ausgestattet mit Vernunft
kleiner als eine Erbse.

Verrückt, blauäugig,
natürlich, nicht berechnend
am Wasserball hängend,
der mich durch den Kakao zieht,
wild, niemals geradeaus.

Gefangen und doch frei
im Strudel der Gefühle.
Erleben und verlieben.
Keine Erbsen zählen ist –
besser als alle Vernunft.

Schreie

Nur wenige Schreie
verlassen unsere Kehle
aus Wohlgefallen

Sie sind behaftet
mit üblen Ereignissen
Trauer, Angst, Verlust

Blankes Entsetzen
Spiegel unseres Schmerzes
zersplittert im Schrei

verliert seine Form
um sich im gleichen Moment
neu zu erschaffen

Schrei bloß

Plötzlich ist es hell
Licht blendet erstaunte Augen
zittern vor Kälte

Lärm in den Ohren
nie mehr gedämpfte Klänge
so schwer unser Leib

Können nicht atmen
unser erster Ton entweicht
noch zahnlosem Mund

Schrei vor Entsetzen
noch können wir nicht ahnen
wie schön Leben ist

Dein Geschenk

Bin voll mit Liebe
ein endloser Quell in mir.
Wer hat ihn erweckt?

Betrachte die Welt,
die schwarz glänzenden Früchte
der Brombeersträucher.

Lausche den Tänzen
gelber Seerosen am Fluss,
der nach Leben riecht.

Spüre das Kitzeln
der fliegenden Fallschirme
des Löwenzahns.

Höre das Krächzen
der schwarzen Krähen im Weizenfeld,
das im Wind wogt.

Bestaune den Schnee,
seine Flocken verschlingen
den Lärm, kleiden weiß.

Liebe ist Leben
und du hast sie mir überlassen
zum Weiterschenken.

Mama

Frühe Jahre

Was ist Kinderzeit?
Saure Rhababerstangen
getaucht in Zucker

Leberwurstbrote
dreieckige Milchtüten
zwischen Sport und Deutsch

Verkratzte Beine
vom Drachensteigen lassen
auf dem Stoppelfeld

Blutende Knie
vom Sturz beim Rollschuhfahren
Rot mussten sie sein

Tränende Augen
trotz geschlossener Lider
beim Haare waschen

Unbeschwerte Zeit
die Spannung vor Weihnachten
unwiederbringlich

Ökologischer Rückblick

Konnten nicht wissen,
damals in Kindertagen,
dass es anders wird.

Sträuße gebunden
aus Kornblumen und rotem Mohn
vom Rand des Feldes.

Jagten Schmetterlinge
über Margeritenwiesen,
rannten durch den Matsch.

Rüben gestohlen
erdige, süße Dinger
mit Schale vertilgt.

Haben im Winter
Schlinderbahnen poliert
mit Lastexhosen.

Trafen Termine
für morgen zum Schlittenfahren,
Schnee blieb über Nacht.

Was ist bloß passiert?
Unkrautvernichtungsmittel
dulden keine Wildblumen.

Der Gemüseacker
mit Pestiziden verseucht,
ungenießbar die Frucht.

Schaut doch genau hin.
Tatsächlich manchmal schwebt
etwas Buntes über Gras.

Luftakrobaten,
Boten unserer Kindheit,
wie lange wohl noch?

Fallen morgens weiße Flocken
müssen wir schnell sein, denn mittags
hat man sie versalzen.

Trinkwasser

Geschmacklos fließt es aus der Leitung.
Glücklicherweise ohne Fettaugen,
ohne das Aroma eines Fichtennadelschaumbads,
nicht in der Farbpalette aller Weichspüler.
Farblos, klar.
Es ist viel zu tun.
Führt es ab,
leitet es um,
lasst es ein,
schiebt es durch,
reichert es an,
bereitet es auf,
verbreitet es
wieder und wieder.
In homöopathischer Dosis,
in brisanter Mischung
trägt es alles in sich.
Es fließt durch dich hindurch,
immer wieder.

Rutsche

Bis zu den Füßen
radikale Gedanken
wurzeln wie Baumriesen.
Schaukelnde, schwelgende,
feingliedrige Astfusseln
schwanken im Sturmwind.
Immer nur Träume
im klatschnassen Mauerwerk
meines Innenhofes.
Tanzen und schweben
auf glitschigen Dachpfannen.
Halten mich nicht auf.
Rutsche hinunter,
umklammer' die Regenrinne
sie bricht, ich weine.

Gedanken

Manche Gedanken
kleben ganz fest im Kopf
feuchter Sand im Glas

Hatte sie verschoben,
um leichter atmen zu können
für ein paar Stunden.

Rennen mir doch nach,
wenn Trost die Nässe aufschleckt.
Überholen mich.

Traurigkeit

Muss mit ihr leben
mit der Traurigkeit in mir
sie begleitet mich

Umhüllt mich ganz sanft
mit ihrer Melancholie
manchmal fast zärtlich

Zaubert ein Lächeln
in verschwommene Augen
Salz brennt heiß auf Haut

Verschließt meinen Mund
Hände greifen ins Leere
finden keinen Halt

Beißt in die Kehle
kein Ton kann ihr entweichen
schenkt dennoch keine Ruh'

Pulse Park

Eiserne Halle
aus unlängst vergangener Zeit
sattes Grün drumherum.

Rostbraun, noch ganz still
steht sie im Abendlicht,
wird bald erwachen.

Zieh' die Schuhe an,
trink deinen Kaffee doch aus.
Komm, lass uns gehen.

Es dauert nicht lang,
möchte dir etwas zeigen,
lass dich begeistern.

Endlich stehen wir
vor dem pulsierenden Schein,
lauschen den Tönen.

Wir stolpern durch’s Licht,
vorbei an Picknickkörben
im Rhythmus des Klangs.

Helligkeit blendet –
reihen uns ein und warten
spannungsvoll erregt.

Schicken unseren Herzschlag
auf eine Reise durch die Nacht
glühend hell, dunkel, hell.

Mein Puls jagt deinen.
Phantastisches Erlebnis
und alle Mühe wert.

Pralles Leben

Vor meinen Augen
braust und brodelt ein Fluss
ohrenbetäubend.

In seinem Bett
spült er Menschen auf Rolltreppen
aufwärts, abwärts.

Bunte Gestalten,
die auf kleine Bildschirme
in Händen starren.

Aus Kopfhörern
quäkt näselnd Popmusik –
Ruhe ist anders.

An seinen Ufern
in Abgase eingehüllt –
verlorene Gedanken.

Sie steigen ein
um auf seinen Wellen zu reiten,
drängeln bei der Abfahrt.

Das pralle Leben –
ständig trällert ein Smartphone –
findet anderswo statt.

S-Bahn

Menschen tragen ihre Gedanken
in flachen Kästchen herum
nicht in ihren Köpfen.
Sitzen zusammen
in Gruppen mit starrem Blick,
reden mit Fingern, die geschickt
und in rasendem Tempo
sprechen, lachen, weinen,
kein Laut entweicht ihren Lippen.
Ihre Augen schauen nicht
aus dem Fenster,
betrachten nicht
vorbeiziehende Landschaften,
blühende Bäume,
rote Ziegeldächer,
sattgrüne Wiesen.
Sie starren gebannt
auf kleine Bildschirme,
bemerken nicht,
dass sie mitten im Leben sitzen.
Verpasste Gelegenheiten,
unwiederbringliche Momente.
Können nicht abschalten,
nur einschalten,
bunt, virtuell, ständig online.
Nur Klingeltöne zaubern
manchmal ein Lächeln in Augen,
nicht das Gegenüber,
nicht die Sonne,
deren Strahlen sich
in verdreckten Scheiben bricht.

Nahverkehr

Rotes Haar verschmilzt
mit dem Rot der S-Bahn Tür
unwirklich, unecht.

Zwei müde Mäntel
ineinander verflochten,
ein Knopf hängt locker.

Sie krault seinen Arm
mit schlanken, weißen Fingern,
Nägel schwarz lackiert.

Gleiten über Schwarz
mechanisch, hinauf, herunter,
fast wie ein Pendel.

Man ahnt das Reiben
auf dunklem, derbem Stoff –
Gleise schlucken Töne.

Der Daumen seiner Hand
berührt kaum wahrnehmbar
ihren Nacken.

Ich spüre wie
winzige Härchen ihrer Haut
sich aufrichten.

Ein silbriger Ohrring
schaukelt im Rhythmus der Bahn –
Gesicht an Gesicht.

Im überfüllten Zug
ein Stehplatz der Zweisamkeit
auf zugigem Gang.

Ela

Man fühlt es auf Haut,
leichter Wind, kühlende Brise
in schwüler Hitze.
Ockergrau die Luft,
schwarzgraue Wolkenberge,
unwirkliches Licht.
Es riecht nach Regen.
Blattwerk raschelt bedrohlich.
Blitzfinger greifen
hektisch zuckend ins Grün,
tänzeln filigran über Dächer,
balancieren auf Stromleitungen.
Wiesen, Wälder, Städte
für Momente im Scheinwerferlicht,
begleitet von Donnergroll.
Die Natur wütet.
Dachziegel bekommen Flügel,
Mülltonnen rollen,
Autos zu Schrott gepresst,
Züge bleiben stehen,
das Licht der Laternen erloschen.
Bäume knicken einfach um.
Ihrer Rinde entkleidet
durch berstendes Astwerk,
ganz nackt ihr Holz.
Reckt sich zum Himmel,
der ganz plötzlich
mit ohrenbetäubendem Rauschen
seine Tränen über’s Land vergießt.
Schlamm und Blattwerk
vor sich herschiebt.

Nach endlos scheinender Zeit
ist der Gewittersturm vorüber
und es ist totenstill.
Moosgrüne Straßen,
Seen, wo es keine gab,
unsere Stadt ist ein Dschungel.

Am Morgen danach

Nach Sonnenaufgang
kriechen Geräusche ins Ohr –
Motorsägenblues

Ihre Ketten beißen
durch sturmverknotete Äste
kopfloser Laubbäume,

deren unreife Früchte
noch zart und winzig – grün
im Gras versinken

Sägemehl rieselt
aus saftigen Stämmen
enthaupteter Eichen

Entwurzelt, zerbortsen –
wehmütig hängt unser Blick
am welken Laubkleid

Am Tag danach

In meinem Garten
schaue ich auf eine hohe alte Birke.
Ihre verdrehte, verkorkste Krone
hängt schlaff herab,
schon welk ihre Blätter.
Wer hat meine Nelken gepflückt
und achtlos vergessen
auf meinem Kiesweg,
der nun mit Rosenblütenblättern gepflastert?
Die grüne Gartenlaterne
rollt in ihrem Scherbenbett.
Die Gladiolen zeigen
in Schräglage Richtung Südwest.
Lila Hortensien, die eigentlich blau sein sollten,
beäugen das Chaos,
ganz teilnahmslos.
Ich höre das letzte Wasser der Regenfluten
in stoischer Ruhe
vom Gartentisch tropfen.

Nachrichtenzeit

Genau zwanzig Uhr,
die Nachrichten beginnen,
Bier schon eingeschenkt.

Krieg in Nahost
dazu entsetzte Gesichter,
Cracker und Gürkchen.

Hungersnot in Afrika,
aufgedunsene Leiber.
Reich mir ’mal den Käse.

Wirtschaftskrisen,
Arbeitslosigkeit überall,
Schlangen bei den Tafeln.

Zwanzigjähriger
Vater stach Ehefrau nieder.
Schenk doch bitte nach.

Massenkarambolage
auf der Autobahn im Süden.
Lecker der Schinken.

Der Wetterbericht:
mit Glatteis ist zu rechnen.
Frost macht fast appetitlos.

Stumm

Die meisten Schreie
hören wir nicht, wir sehen
mit stummen Augen.
Schreiende Menschen,
die mit ansehen müssen
wie Häuser brennen.
Hören nicht den Schrei
vor Folterung und Erschießung,
sehen nur das Bild.
Andersfarbige
schreien bei Demonstrationen
nach Gerechtigkeit.
Wir sind live dabei
beim Lesen der Magazine,
vor dem Fernseher.
Kinder schreien
ungehört auf dieser Welt
vor Hunger und Durst.
Wir sollten schreien,
laut und aus vollem Herzen
bei soviel Unrecht.
Fotos und Filme
fordern unseren Aufschrei
wieder und wieder.
Stumm unser Schrei,
erstickt, spiegelt sich allenfalls
im entsetzten Blick.

Wir alle sind Fremde?

Ängste, Unwissen
schüren Neid und Misstrauen,
malen Feindbilder.

Andersgläubige
abgelehnt, abgewiesen,
kein Platz für Freiheit.

Andersfarbige
unwillkommen, unerwünscht
werden ausgegrenzt.

Stimmt es nicht traurig?
Wir sollten Türen öffnen,
hell und bunt. Tut's kund!

Uns maßlos bereichern
an Küche, Sprache, Tradition,
köstlich erfrischen.

Seit Jahrhunderten
sind wir vermischt im Gebräu
vergessener Zeiten.

Zerflossen wie Wasser
Quelle zum Bach, Bach zum Strom
ins Meer der Möglichkeiten.

Seychellen

Ein Stück Afrika
eine Prise Europa
ein Hauch Asien

Überschwängliches Grün
auf Granitfels getragen
türkisblau umspült

Gleißend helles Band
vermischt mit weißer Brandung
knüpft Teppich aus Sand

Vanilledüfte
wirbeln mit ihren Aromen
um Kokosnüsse

Köstlich bunte Früchte
tragen die Glut der Sonne
unter ihrer Schale

lauweiche Tropfen
hüpfen, rutschen, kugeln rund.
Wenn sie verdunsten

bauen Regenbögen
schillernde Brücken.
Blaues Lachen bleibt

Hristian Todoroski

Betrachtungen

GABRIELE FRANKE

MEIN GESCHENK AN DICH
DEIN GESCHENK AN MICH

GEDICHTE ÜBER DIE LIEBE

Johannes Fightestörk

KASSIBER

Existenzgedichte

Ann-Helena Schlüter

Flügelworte

PianoLyrik op. 1